शब्द मेरे अनुभूति तेरी

पूनम चौहान

क्रम-सूची

मन की बात ... v

1. गोविंद वह अक्स तुम्हारा है (मेरे कान्हा जी को समर्पित) ... 1

2. एक आस लिए बैठी हूँ ... 2

3. तेरे नाम सारी बाहर कर दूँ ... 3

4. थोड़ा सा प्यार भेजो ना ... 4

5. हर ऋतु में मधुमास आया ... 5

6. पूनम का प्रकाश हो तुम ... 6

7. माँ ! तेरी याद बहुत आती है.... ... 7

8. फासला जरूरी है ... 9

9. नेत्रों से अश्रु उमड़ रहे हो जैसे ... 10

10. उम्र भर के लिए तेरी होना चाहती हूं ... 11

11. पूनम की ग़ज़ल भी गुनगुनाया करो ... 12

12. हर खुशी तुझ पर निसार कर दूं ... 13

13. सारी दुनिया का प्रकाश बन जाओ ... 15

14. सदियों से दिल में दफन ... 16

15. मुस्कुराते ही क्यों हो ... 17

16. नित सपनों में तुम आते हो ... 18

17. मन में है बस मीत ... 19

18. पूनम में विलीन प्रकाश ... 20

19. मेरे कान्हा मेरा प्रेम ... 21

20. दूर मत जाना कभी ... 22

21. रिश्ते बिखर जाते हैं ... 24

क्रम-सूची

22. ईश प्रार्थना करें स्वीकार — 25

23. मैं बन बैठा हूँ दीवाना — 26

24. माँ मैं तुम्हारी ही छवि हूँ — 28

25. अदना से आला बनी है औरतें — 29

26. एक खूबसूरत सी शाम — 30

27. जीवन का आधार — 31

28. इस तरह से प्रेम निभाएंगे — 32

29. कितना अच्छा लगता था — 33

30. प्रीत को अमर कर जाओ — 34

31. सज-संबर कर आए हैं — 35

32. अनंत -अनंत काल तक — 36

33. कितने मशरूफ हैं हम — 37

34. अस्तित्व की तलाश — 38

35. गीत — 39

36. दोहे — 41

37. रक्षाबंधन पर्व के दोहे — 43

38. मुक्तक — 44

घनाक्षरी छंद

39. अध्याय 39 — 53

40. अध्याय 40 — 54

41. अध्याय 41 — 56

42. अध्याय 42 — 57

मन की बात

स्त्री तेरे रूप अनेक, क्यों कहती तू अकेली है,
साहस ही तेरी ढाल सदा, शक्ति की एक पहेली है!
ईश्वर की सुंदर रचना तू, परिवार की गौरव गाथा है !
दहक उठे तो जला दे सबको, चंडी दुर्गा की सहेली है!!

यह काव्य कृति आपके कर कमलों में सादर भेंट करते हुए असीम हर्ष की अनुभूति हो रही है! निसंदेह जब भी कुछ पंक्तियां कलम से निकलकर पृष्ठ पर उभरती हैं तो उसकी प्रेरणा कहीं न कहीं से मिलती है! जीवन के ऐसे क्षण जो सदैव स्मृति के रूप में हमारे मस्तिष्क पर अटल हो जाते हैं , वही क्षण कविता के रूप में उभर कर आते हैं! माता सरस्वती की असीम अनुकंपा मिलने पर ही इस कविता की कला को अंगीकृत किया जा सकता है! जिस प्रकार से हवा के तेज झोंके से एक बेल किसी आलंबन से उतरकर धरा पर बिछ जाती है और किसी सहारे से लिपट कर फिर से उठना चाहती है, उसी प्रकार मेरी कलम से निकले शब्द सफलता हेतु आपकी सारस्वत शुभकामनाओं के अभिलाषी हैं ! मेरी इस काव्य कृति को हिंदी प्रेमी और साहित्य मर्मज्ञ किस दृष्टि से देखेंगे, यह उनकी सहृदयता होगी और उनका अधिकार भी! यदि उनको कुछ भी अरुचिकर लगे तो वह मेरी अज्ञानता समझ कर क्षमा करें!

यह भी शाश्वत सत्य है कि मेरे आराध्य प्रभु श्री कृष्ण जी की कृपा और माता सरस्वती की अनुकंपा के बिना कुछ भी संभव नहीं है ! उनकी चरण-रज में ही मेरा यह कविता पुष्प समर्पित है
पूनम चौहान

1. गोविंद वह अक्स तुम्हारा है (मेरे कान्हा जी को समर्पित)

सफलता मिली जो आज मुझे,
वह सब कुछ कान्हा तुम्हारा है!
हम तो मात्र निमित्त है तेरे,
तूने ही भाग्य संवारा है!
प्यार, श्रद्धा, निष्ठा बनकर,
यत्र -तत्र सर्वत्र बसे तुम हो!
मैं तेरी बस, तू मेरा बस,
तुझ पर ही सब कुछ वारा है!
श्रद्धा और प्रेम का भाव प्रभु,
मेरे मन में सदा बसाए रखना!
हृदय गौरवान्वित है मेरे कान्हा,
जब से तूने मुझको अपनाया है!
अपने चरणों की धूल प्रभु,
मुझे को मस्तक पर लगाने दो!
मैं तो सदियों से तेरी हूं,
मेरा सब कुछ अब तुम्हारा है!
हरदम चलता जो साथ मेरे,
गोविंद वह अक्स तुम्हारा है!!

2. एक आस लिए बैठी हूँ

तकदीर में हो नहीं, फिर भी एक आस लिए बैठी हूं ।
काश मिल जाए मेरे प्रेम को संबल एक विश्वास लिए बैठी हूं।
बंद आंखों से एक बार मेरे हालात का अहसास तो करो,
तेरी एक झलक की तलाश में मैं कब से उदास बैठी हूं।
झिलमिल सितारों की तरह रोशन रहे जीवन तेरा,
काली स्याह रात में मुट्ठी भर प्रकाश लिए बैठी हूं।
माना कि साथ हो नहीं, पर यादें तो है तेरी ज़हन में,
तेरे साथ गुज़रे वक्त का सुखद आभास लिए बैठी हूं।
नहीं समझी अभी तक मैं मुहब्बत थी या समझौता,
अतृप्त धरा बनकर शीतल बूंद की प्यास लिए बैठी हूं ।
सोचा था कभी कोई तल्खी हमारे दरमियां नहीं आएगी,
तेरे इश्क की ज़द में अपनी हर सांस कुर्बान किए बैठी हूं।
कौन कहता है कि दिल को सुकून देती है मुहब्बत ,
तड़पती रूह में जीवन का उल्लास लिए बैठी हूं।
कैसे पाऊँ उसको कोई राह तो दिखा दे ऐ खुदा,
श्याम रंग में मीरा बनकर मन को अनुरागी बना बैठी हूं।
हमें मालूम था एक दिन बिछड़ना सब को पड़ता है,
फिर भी खुदा से मिलन की अरदास लिए बैठी हूं।।

3. तेरे नाम सारी बाहर कर दूँ

आ तेरे नाम इस जहां की सारी बाहर कर दूँ,
अपने दामन की सारी खुशी तुझ पर निसार कर दूँ।
ताउम्र जीना चाहती हूं मैं आपकी मोहब्बत में,
तुझे दिल से किया स्वीकार आज खुलके इजहार कर दूँ।
इजाजत गर मुझे मिल जाए जन्म भर साथ रहने की,
अपने दर्दो-गम भरे जीवन को हर दिन त्यौहार कर दूँ।
बड़ी शिद्दत से तुझे पाने का ख्वाब देखती हूं,
तेरी बाहों में छुप कर अपना सपना साकार कर दूँ।
दुनिया रूठ जाए मगर तुम न रूठना सनम,
सबके हिस्से का प्यार मैं तुझ पर बेशुमार कर दूं।
मेरे होठों की हंसी का एक अर्थपूर्ण कारण हो तुम,
ओढ़ चुंदरिया प्रीत की इश्क का दरिया पार कर दूँ।
कभी तो बनाओगे मुझे अपनी जीवनसंगिनी,
इसी उम्मीद के साथ अपनी प्रीत का सोलह श्रंगार कर दूँ।

4. थोड़ा सा प्यार भेजो ना

जीवन के पतझड़ में मोहन, मस्त बहार भेजो ना !
मन की व्यथा दूर करो, थोड़ा सा प्यार भेजो ना !
पीड़ित चमन, निढाल सुमन, सूखे दरिया,अतृप्त धरा...
सबको जीवटता मिले, बारिश की फुहार भेजो ना !!
जब-जब वो-हमसे मिलते हैं, उत्सव सा हो जाता है....
जीवन में हर रोज़ प्रभु जी, ऐसे त्योहार भेजो ना !!
बहुत सताये याद तुम्हारी, दिन चाहे कोई भी हो..,
यादों से जिस दिन छुट्टी हो, वो इतवार भेजो ना!!

5. हर ऋतु में मधुमास आया

कान्हा जी का दिया हुआ उपहार मुझे रास आया।

अब लग रहा है कि मेरी जिंदगी में कोई खास आया ।।

वीरान से तपिश भरे पूनम के जीवन में,

बनके प्रकाश हर ऋतु में मधुमास आया।

धुंधले से पड़ गए थे इस जहां में प्रेम के प्रष्ठ,

तेरी मेरी प्रीत से लौटकर फिर से इतिहास आया।

रहा कभी भी सुगम नहीं होती है मिलन की,

कुछ कर गुजरने का मन में अब विश्वास आया।

हरदम पतझड़ न रहेगा हमारे चमन में,

अब लगता है हमारे आंगन में झूम कर सावन मास आया।

नैनों में नीर बहा के हरदम तेरी राह निहारती हूं,

प्रेम में हद से गुजरने का मौसम आसपास आया।।

6. पूनम का प्रकाश हो तुम

मेरे नीरस जीवन का आनंददायी एहसास हो तुम।
ईश्वर के दिये उपहारों में मेरे लिए तो खास हो तुम।

धड़कन भी पूर्ण नहीं होती तेरी याद के बिना,
आँखो से दूर सही दिल के बहुत ही पास हो तुम।

तुम बिन प्रियतम एक भी पल कटता नहीं हमारा,
मेरे इस जीवन की स्वप्न-सलोनी आस हो तुम।

जन्मों से अतृप्त रही जो तुमको पाकर बुझती है,
जीवन में व्याकुलता की एक अधूरी प्यास हो तुम।

पतझर के जैसी थी, जीवन की हर इक डाली,
अब हर सू हरियाली है,जीवन का मधुमास हो तुम।

जीवन वीणा की सरगम पर, तुमने साज़ बजाया है,
चिर-घोर अंधेरे जीवन में, 'पूनम' का प्रकाश हो तुम।।

7. माँ ! तेरी याद बहुत आती है.....

रातों में आ-आकर अक्सर प्यार से थपथपाती है।
सपनों में आकर माँ मुझको आज बुलाती है।

कहीं दूर से इक ममतामयी आवाज़ सुनाई देती,
आओ बिटिया आओ ! तुम्हारी माँ तुम्हे बुलाती है।

कभी नहीं भुला पाऊंगी माँ दूर तेरे जाने का ग़म,
अभागी बेटी याद में तेरी हर पल अश्रु बहाती है।

माँ ! जीवन की ये रिक्तता भला कैसे करूंगी पूरी,
तेरे बिन ये मतलबी दुनिया मुझको बहुत सताती है।

तेरी ममता का मोल कभी अदा नहीं मैं कर पाई माँ,
कठपुतली होकर बेटी, कितनी विवश हो जाती है।

तेरी भोली सी मूरत को माँ बसा रखा इन आंखों में,
तेरी सिसकियों की आहट हर रोज़ मुझे रुलाती है।

अन्तिम दर्शन की कोशिशें हुई सभी नाकाम यहाँ,
अब ये दुनिया की रौनकें बिलकुल नहीं सुहाती हैं।

माँ जैसा हित-चिंतक जग में और कोई न होता है,

तेरे ही आशीष से 'पूनम' ये शब्दमाल पहनाती है।।

8. फासला जरूरी है

यादों का सिलसिला जरूरी है,
मोहब्बत में फासला जरूरी है!
करीब आकर मिलने के लिए,
हिम्मत और हौसला जरूरी है!
मेरी कलम नित्य चलती रहे,
साथी तेरा प्यार जरूरी है!
दरिया का रुख मोड़ने के लिए,
खयालो का थमना जरूरी है!
प्रेम की पौध सिंचित हो सके,
कोई तो जलजला जरूरी है!!

9. नेत्रों से अश्रु उमड़ रहे हो जैसे

बारिश की बूंदे बरस रही है ऐसे,
नेत्रों से अश्रु उमड़ रहे हो जैसे!
तुम बिन प्रिये मैं भीग रही हूं ऐसे,
जल के बिन मछली तड़प रही हो जैसे!
जीवन की धारा उलझ रही है ऐसे,
सुलझे हुए रिश्ते खत्म हो रहे जैसे!
हृदय में धड़कन धड़क रही है ऐसे,
जीवन का दीप बुझने वाला हो जैसे!
बूंदे धरती में विलय हो रही ऐसे,
अस्तित्व मिट चला मेरे प्रेम का जैसे!
सांसे मेरी हर क्षण क्षीण हो रही ऐसे,
मृत्यु का द्वार निकट आ रहा जैसे!
प्रियतम मेरा प्रसन्न हो रहा है ऐसे,
वर्षा का उसका स्वप्न पूर्ण हुआ जैसे!
तेरे अथाह प्रेम में डूब गई मैं ऐसे,
जीवन की अब कोई आस नहीं हो जैसे!
घनघोर अंधेरा चहुँ ओर घिरा है ऐसे,
प्रकाश पूनम का दूर हो गया जैसे!
बारिश की बूंदे बरस रही है ऐसे,
नेत्रों से अश्रु उमड़ रहे हों जैसे!

10. उम्र भर के लिए तेरी होना चाहती हूं

आपकी खुशियों में खुश, आपके गम में गमगीन होना चाहती हूं,
मैं उम्र भर के लिए तेरी फकत तेरी होना चाहती हूं!
जुदाई के इस मुश्किल दौर में कैसे संभालूं मैं अपने आपको,

तेरे आगोश में छुपकर जी भर के रोना चाहती हूं।
मेरी बेचैन नजरों की तलाश को अब पूरा कर दो,
राहत-ए-जिंदगी के लिए तेरा दीदार करना चाहती हूं।
साथ रहते हो मेरे, प्रतिपल इक प्रतिबिंब की तरह,
इस जहां की हर एक शय तुम्हारे नाम करना चाहती हूं।
मिलेंगे फिर से हम दोनों इतना तो भरोसा है मोहब्बत पर ,
दिल के अरमानों को हकीकत में बदलना चाहती हूं।
गहरे अंधेरे मेरे जीवन में आ गए हो प्रकाश की तरह,
तेरे इश्क में ही जीकर तेरे इश्क में ही फना होना चाहती हूं।
राधा न सही, मीरा न सही, जोगन का ही हक दे दो मुझको,
तुझे अपना खुदा बना कर, तेरी बंदगी करना चाहती हूं ।
आपकी खुशियों में खुश, आपके गम में गमगीन होना चाहती हूं,
मैं उम्र भर के लिए तेरी, फकत तेरी होना चाहती हूं।।

11. पूनम की ग़ज़ल भी गुनगुनाया करो

इस तरह से न ख्यालों में आया जाया करो !
मेरे मासूम दिल पर कुछ तो रहम खाया करो !!
साथ तो हो तुम मेरे, मगर साथ रहते नहीं...,
फिर हमसे प्रेम का हक भी, न जताया करो !!
जो आऊं पास तो एक नजर भर देख लेना...,
अपने चाहने वालों पर यह प्रेम बरसाया करो !!
मेरे बेजान जिस्म के तुम ही प्राण हो अब...,
मेरी स्वास बनके हर घड़ी तुम ही आया करो !!
एक रोज मुहब्बत की रुसवाई हो जाएगी...,
हमारे प्रेम की बातें न सबको बताया करो !!
तुम्हारे आने से ही आती हैं चेहरे पर रौनके...,
आकर मेरे अंग-उपवन को महकाया करो !!
हम तो खुशबू बनकर तुम पर बिखर जाएंगे...,
तुम भी प्रीत की फुहार हम पर बरसाया करो !!
आकर चले जाते हो बेदर्द हवाओं की तरह...,
कभी सुकून से अपने पहलू में बिठाया करो !!
बहुत दूर जा बैठे हो सनम बेगानों की तरह...,
दूर रहकर हमारी प्यास को न बढ़ाया करो !!
तड़पती रहती हूं मैं चंद पल मिलन के लिए...,
अनमोल इस वक्त को बेवजह न जाया करो !!
बड़ी शिद्दत से पिरोती हूं मैं शब्दों की माला...,
कभी पूनम की ग़ज़ल भी गुनगुनाया करो !!

12. हर खुशी तुझ पर निसार कर दूं

आज तेरे नाम इस जहां की सारी बाहर कर दूँ।
अपने दामन की हर खुशी तुझ पर निसार कर दूं।

बनकर एक इंसान जब जब भी जग में आऊँ मैं,
फ़ना ये जीवन तुझ पर ही बार - बार कर दूं।

जिंदगी भर साथ रहने की मोहलत मिल जाए अगर,
अपने निरीह जीवन का हर दिन त्यौहार कर दूं।

बड़ी शिद्दत से तुझे पाने का ख्वाब सजाया है मैंने,
तेरी बाहों में सिमट कर हर सपना साकार कर दूं।

ये दुनिया रूठ जाए मगर तुम न रूठ जाना सनम,
मुहब्बत की बारिश तुझ पर ही बेशुमार कर दूं।

मेरे लबों पर हंसी की वजह सिर्फ तुम ही तुम हो,
प्रीत चुनरिया ओढ़ इश्क का दरिया पार कर दूं।

कभी तो बनाओगे मुझे समसफर तुम अपना ,
इसी उम्मीद से अपनी प्रीत का हर श्रंगार कर दूं।

तमाम उम्र जीना चाहती हूं मैं आपकी मुहब्बत में,

इतिहास में अमर कुछ यूँ "पूनम" ये प्यार कर दूं।।

13. सारी दुनिया का प्रकाश बन जाओ

अभी तो बस शुरुआत है,
आपको बहुत आगे जाना है!
हासिल करने हैं सारे लक्ष्य,
देश में इतिहास रचाना है।
कामयाबी के सफ़र में,
मुश्किलें तो बहुत आएंगी!
पार करके सारी बाधाओं को,
सारे जग पर छा जाना है।
संघर्ष की राह पर,
चुनौतियों का सामना करके,
अपने नाम के अनुरूप,
एक नई पहचान बनाना है।।

14. सदियों से दिल में दफन

सदैव सोचती हूं...
जब मिलोगे,
एकांत में तुम..
तुमसे करनी है,
मुझे बहुत सारी बातें....
पर,
जब भी तुम मेरे करीब आते हो,
मैं सब भूल जाती हूं....
कि..
तुमसे क्या क्या कहना है?
तुम ही बताओ प्रियवर!
मैं कैसे कहूं,
तुमसे वह सब बातें.....
जो सदियों से,
अपने दिल में दफन कर रखी है!!

15. मुस्कुराते ही क्यों हो

मन की पीड़ा को नजरों में छुपाते ही क्यों हो,
तुम मुझे देखकर इतना मुस्कुराते ही क्यों हो!
बात मन की सभी तुमसे कह दूंगी मैं,
पर हाय! कैसे कहूं, तुम दूर जाते ही क्यों हो!
मौन शब्दों की भाषा को पढ़ न सके,
आईना प्यार का फिर दिखाते ही क्यों हो !
मुझे प्रेम तुम से है यह कहना भी है तुमको,
फिर अस्वीकृति के अवरोध को बीच में लाते ही क्यों हो!
हृदय से प्रिय बस तुम्हें वर लिया है,
फिर बिरह की पीड़ा में जलाते ही क्यों हो!
दर्द की आग हृदय में लगाकर सनम,
तुम्हें प्रीत मुझसे यह जताते ही क्यों हो!!

16. नित सपनों में तुम आते हो

कैसे बताऊं मन की बात प्रिये,
तुम सचमुच मुझको भाते हो,
प्रीत हृदय मे तुमने ही लगायी,
नित सपनों में तुम आते हो!
मेरी बाहों के घेरे में,
करते हो मधुर मधुर बातें!
तुम मेरी हो ऐसा कहकर,
क्यों रोज-रोज तड़पाते हो!
जाने के तुम्हारे बाद प्रिये,
मुझ पर क्या यहां गुजरी है,
अपने प्रेम की कस्तूरी से,
मेरा रोम-रोम महकाते हो!
कौन विधि से तुझे मनाऊं,
पहले सा विश्वास जगाऊं!
तुम क्षण-क्षण मेरे हृदय में,
वो प्यार की अलख जगाते हो!
नित सपनों में तुम आते हो,
नित सपनों में तुम आते हो!!

17. मन में है बस मीत

प्रेम में चली आ रही सदियों से यह रीत,
मेरा मुझमें कुछ नहीं मन में है बस मीत!
हार कर भी होती है जिसमें दिल की जीत,
अपनत्व को खोने की बात गई अब बीत!
प्रेम के मधुर संगीत में जीवन गाता गीत,
मैं तेरी हूं, तू मेरा है यही है सच्ची प्रीत!
मेरे अंग-अंग पर चढ़ा है रंग प्यार का पीत,
बिरह में विरहन को लगती ग्रीष्म ऋतु भी शीत!!

18. पूनम में विलीन प्रकाश

हम आएंगे तुम आओगे,
फिर से इश्क जवां होगा!
अपनी होगी धरा सारी,
और अपना ही आसमां होगा!
बाजू में तेरे मेरा तन होगा,
कुछ ऐसा मेरा जीवन होगा,
मादक होगा हर अंग मेरा,
जब साथ मेरे प्रियतम होगा!
एक बार तो कह दो तुम प्रियवर,
क्या सपना मेरा जीवंत होगा !
बस मैं होंगी और तू होगा,
जीवन मेरा मधुरम हो!
संगम होगा तेरा मेरा,
हाथों में तेरे मेरा हाथ होगा!
मिलन की मधुर बेला में,
पूनम में विलीन प्रकाश होगा!!

19. मेरे कान्हा मेरा प्रेम

देता था ताना हरदम यह संसार सारा,
देखकर मेरे हौसले को यह जमाना भी हारा!.
हैरान हो गया हर शख्स यह देखकर,
साथ में हरदम खड़ा है संरक्षक हमारा!
एक वो ही तो है मेरे हर पल का सहारा,
और साथ निभाने वाला एक साथी प्यारा!
जानती हूं बहेगी प्रीत की ये अविरल धारा,
कोई पहुंचा न उस पार, वहां पहुंचेगा प्रेम हमारा!!

20. दूर मत जाना कभी

सुनो,
आप नाराज़ होकर
दूर मत जाना कभी,
गर कभी कोई गलती हो जाए..
तो जी भर के डांट लेना,
रूठ जाना,
गुस्सा कर लेना,
झगड़ लेना पूरे अधिकार से,
पर...
सुनो,
आप नाराज़ होकर,
दूरियाँ दरमियाँ न लाना कभी!
मेरे शब्दों से,
यदि पहुंचे आपको पीड़ा..
आँखों के सामने ही रहना,
बात भले न करना
मुझसे कुछ दिन तक,
पर दूर मत जाना...
मेरी हर सांस में बसे हो,
मेरे हमदम मेरे दोस्त,
यदि हो गए तुम दूर,
तो सुनो,
हो जाऊंगी मैं भी बहुत दूर...

सदा सदा के लिए,
दूरियों को लाँघकर,
मैं फिर न आऊँगी
कभी नहीं!
कभी नहीं....

21. रिश्ते बिखर जाते हैं

छोटी-छोटी बातों पर भी रिश्ते बिखर जाते हैं ।
सच्चाई की पटरी से हालात उतर जाते हैं ।।

राहों में मिलते हैं लोग बनकर अपने-अपने से,
क्यों किसी अहम मोड़ पर वह बिछड़ जाते हैं।।

शौक से करते हैं वायदे, साथ जीने - मरने के ,
मतलब निकल जाए तो क्यों मुकर जाते हैं।।

मसअले जिंदगी के कभी सुलझते ही नहीं,
ले जाएं जिधर हालात हम सब उधर जाते हैं।।

जिस शख्स से हो जाए खुशियों की ख्वाहिशें,
वही देकर एक दिन हमें दर्द-ए-जिगर जाते हैं।।

जब भी देखते हैं किसी शीशे को हम टूटते हुए,
न जाने क्यों हम अंजाम-ए-इश्क से डर जाते हैं।।

धुंधले से पड़ गए अगर जीवन के कुछ हर्फ़,
पूनम के प्रकाश से अल्फाज़ निखर जाते हैं।।

छोटी-छोटी बातों पर भी रिश्ते बिखर जाते हैं।
सच्चाई की पटरी से हालात उतर जाते हैं।।

22. ईश प्रार्थना करें स्वीकार

जन्मदिवस पर मेरे प्रियवर, देती बस इतना उपहार,
लगे आपको मेरी उम्र भी, ईश प्रार्थना करें स्वीकार।
सुख-दुख में मैं साथ रहूंगी, बन परछाई संग चलूंगी.
गुलजार रहे जीवन तेरा, दामन में रहे बस प्यार ही प्यार।
चलो हमेशा नेक राह पर, लक्ष्य अपना हासिल कर लो ,
आशीष मिले सब देवों का, सब स्वप्न तुम्हारे हों साकार ।
खुशहाली हो चहुँ ओर प्रिये, उन्नति में रहे हर वर्ष तेरा,
तन मन से हमेशा स्वस्थ रहो, तुम, मेरे प्राणाधार।
अभिलाषा है राधा बनकर, कृष्ण तुम्हारी हो जाऊँ
कभी तो दुल्हन बन कर आऊँ, संग तुम्हारे द्वार।
फलो-फूलो तुम अमरबेल से, धन -धान्य से हरदम पूर्ण रहो,
हर दिन तेरा ऐसे गुजरे जैसे गुजरे कोई त्यौहार।
चाहत का भौंरा प्यासा है, मुरझाया मेरा उपवन ,
प्रेम का पौधा सिंचित रखना, बस पूनम का यही उद्गार।

23. मैं बन बैठा हूँ दीवाना

सुंदर मन चंचल चितवन, यूं बात-बात पर इठलाना ।
सृष्टि की अद्भुत रचना तुम, मैं बन बैठा हूँ दीवाना ।।

महक रही कस्तूरी सी तुम,जिसके हर एक मिसरे में ,,,
तुम जीवन की वही ग़ज़ल मैं जीवन का अफ़साना ।।

तुम विरह पीर से पीड़ित,मैं व्याकुल तुम तक आने को,
शीघ्र मिलेंगे हम-दोनों, देखो फिर तुम दूर न जाना ।।

सदियों से प्यासे मन में तूम, नेह सुधा बरसाती हो,
पाकर तुमको धन्य हुआ,अब तक था मैं अंजाना ।।

चांदी सा तेरा रूप रंग, तेरे हर अंग में है मधुशाला,,
दाता ने क्या खूब दिया मुझको ये अद्भुत नजराना।।

मिलना तेरा अपार नेह,इस जीनव की उपलब्धि है,
हो साँसों में तुम बसी हुई,नामुमकिन है तुम्हें भुलाना।

मैं अक़्सर तुम्हें सताता हूं,तुम फिर भी मुझे मनाती हो,
जी न सकूंगा तुम बिन मैं,तुम मुझे छोड़ मत जाना ।।

मेरी खुशियों में झूमो तुम, मेरे दुख में तुम रोती हो,

पल-पल घटते जीवन में अब हर क्षण संग बिताना ।।

24. माँ मैं तुम्हारी ही छवि हूँ

माँ,
मैं तुम्हारी ही छवि हूँ,
मुझे हर क्षण ये महसूस होता है,
कि जैसे.....
तुम्हारी सारी संवेदनाएं,भावनाएं,...
और तुम,
मुझमें ही ज़िंदा हो ।
मुझमें तुम्हारा अस्तित्व सदैव बना रहे,
ये तुमने ही तो सिखाया था मुझे ।
मैं जब-जब भी ख़ुद से मिलती हूँ,
ये लगता है जैसे तुझसे मिलती हूँ।
हाँ !! जैसे तुमसे मिलती हूँ!
माँ मैं तुम्हारी ही छवि हूँ
हाँ माँ!! मैं तुम्हारी ही छवि हूँ!!

25. अदना से आला बनी है औरतें

जीवन के रीते अंधेरों का उजाला बनी है औरतें ।
जरूरत में भूखे घर का निवाला बनी है औरतें ।
जब जहां जैसी जरूरत पड़ी उसी सांचे में ढल गईं,
कभी दूध कभी पानी तो कभी हाला बनी है औरतें !
कहानियां कामयाबी की तमाम दर्ज़ हैं तारीख में,
कभी झांसी,कभी सावित्री, तो कभी मलाला बनी है औरतें ।

ढेरों ख़ासियतें हैं "पूनम" किरदार में इनके भी..,
हुनर के बल पर अदना से आला बनी है औरतें ।।

26. एक खूबसूरत सी शाम

मेरी गोद में लेटा था प्यार मेरा,
बड़ी हसरत से कर रहा था दीदार मेरा!
मैं भी बेतहाशा चूम रही थी,
बार-बार
मस्तक उसका!
क्योंकि जानती थी,
अभी थोड़ी ही देर में,
अपने गांव चला जाएगा यार मेरा!
फिर...
कुछ देर बाद ही दोनों चल दिए!
अपने-अपने रास्तों पर,
स्वप्न के संसार से,
वास्तविकता के धरातल पर!
अपनी अपनी जिम्मेदारियां निभाने,
और मन में यह ख्याल लिए
कि....
अब पता नहीं कब ?
फिर से उस सपनों के संसार में
मुझसे मिलेगा प्यार मेरा!!

27. जीवन का आधार

प्रेम ,समर्पण, यौवन, जीवन,
सब तुझ पर ही वार दिया है!
मैंने सच्चे अंतर्मन से बस,
तुझको ही प्यार किया है!
सारे बंधन तोड़ जगत के ,
सब तुझ पर अर्पण कर दूँ!
कई जन्म के कर्म सुफल से,
प्रभु ने तुझ सा उपहार दिया है!
तुमसे है अनुराग अपरिमित,
जन्म जन्म का है यह बंधन!
तुम बिन कोई मीत नहीं मेरा,
तू जीवन का आधार पिया है!!

28. इस तरह से प्रेम निभाएंगे

साल दर साल यूं ही गुजरते जाएंगे,
फलसफा जिंदगी का कब हम समझ पाएंगे!
दिल में तेरे प्रेम के चिराग को जलाए रखकर,
वफा, समर्पण भाव से तेरा जीवन सुखद बनाएंगे!
बढ़ता ही जा रहा है प्रेम का कारवां पल पल,
फूलों की वादियों में एक छोटा सा आशियां बनाएंगे!
दूर होंगी ये विरह की घड़ियां कोई तो हल निकलेगा,
उम्मीदों के नये सवेरे के साथ नववर्ष मनाएंगे!
आज लिखूं कुछ ऐसा कि तेरे दिल को छू जाए,
खुद को कविता बनाकर तेरे अधरों पर आ जाएंगे!
तेरा अतीत भी मै थी, तेरा वर्तमान भी मैं हूं,
तोड़ के सारे बंधन तेरा भविष्य भी बन जाएंगे!
ऐ खुदा मेरी जान का दामन खुशियों से भर देना,
भूल जाएं वो सारे गम, इस तरह से प्रेम निभाएंगे!
साल दर साल यूं ही गुजरते जाएंगे,
फलसफा जिंदगी का जाने कब हम समझ पाएंगे!!

29. कितना अच्छा लगता था

हर शाम तुझसे गुफ्तगू करना कितना अच्छा लगता था,
दिल की सारी बातें तुझको बताना कितना अच्छा लगता था।
अब न वह बात है, न हालात है, न वह शाम है,
याद आता है हर वो वार, जो रविवार लगता था।
रोज आपका यह कहना कि वक्त पर इबादत कर लो,
सजदे में सिर को झुकाना कितना अच्छा लगता था।
आज भी तेरे हंसने की खनक से दिल झूम जाता है,
रूठना, मनाना तेरा गुनगुनाना कितना अच्छा लगता था।।

30. प्रीत को अमर कर जाओ

कभी तो बादल बन कर छा जाओ न,
प्रेम के पौधे को सिंचित कर जाओ न!
मुरझा चुकी हैं इस प्रेम की सारी कलियां,
बनकर घनघोर घटा हम पर बरस जाओ न!
मन मेरा चंचल पतंगे की तरह उड़ता है,
दस्तक देकर हवा का रुख बदल जाओ न!
संपूर्ण सृष्टि को नाज हो जाए आप पर,
इस तरह से प्रीत को अमर कर जाओ न!

31. सज-संबर कर आए हैं

इश्क में भूल कर कुछ काम तुझे याद करके आए हैं,
वह तो वैसे ही किसी हसीन दुनिया से उतर के आए हैं!
न जाने कौन सी खुशबू से महकती है हमारी सांसे,
जब से हम उनसे मुलाकात करके आए हैं!
मेरे खुदा सलामत रखना बुरी नजर से उनको,
सुना है आज वह कुछ सज-संबर कर आए हैं !
पूर्णिमा की चांदनी से धुला-अनछुआ सा बदन,
ऊपर से स्याह लिबास में वह और भी निखर कर आए हैं!
मुरझा चले थे जो पुष्प प्रकाश के बिना,
प्रकाश स्पर्श से अब जाकर वह उभर के आए हैं!!

32. अनंत -अनंत काल तक

सुनो प्रियतम....
हर वक्त इन आंखों में पलते हैं
कुछ ख्वाब..
एक मुलाकात की ख्वाहिश !
आखिर कब ?
कब ये प्रतीक्षा खत्म होगी?
खत्म तो होगी न,
इस जन्म में तो बंदिशे बहुत ज्यादा है,
चलो फिर छोड़ो...
अगले जन्म में मिलते हैं,
कुछ सिसकियों के साथ,
कुछ मदहोशियों के साथ,
नहीं रुका है....
और न ही रुकेगा..
चलता रहेगा यह सिलसिला,
अनवरत मोहब्बत का सफर,
अनंत -अनंत काल तक.....

33. कितने मशरूफ हैं हम

कितने मशरूफ हैं आज वह भी,
जिनके लिए हम आज ही बड़ी फुर्सत में हैं
अब उनको कैसे खबर दे दिल की अपने,
कि उनके लिए क्या-क्या हमारी नियत में है
अपनों से भी ज्यादा अपना लगने लगा है कोई,
आजकल यह कैसा मुकदमा इस दिल की अदालत में है
न जाने अब क्यों डरने लगे हैं वह हमसे पूनम,
जबकि वह आज भी बड़ी मजबूत हिफाजत में है

उत्तर :
फुर्सत में होने पर भी दिखाते हैं,
कि कितने मशरूफ हैं हम!
वह क्या जाने कि,
दिल से कितने मजबूर हैं हम !
राहे इश्क में चल कर,
न अपनों का पता है न गैरों का!
आलम यह है कि खुद में ही,
कितने मगरूर हैं हम!!

34. अस्तित्व की तलाश

उनको हमारी तड़प का एहसास बहुत है,
वह इतना दूर होकर भी मेरे पास बहुत है!
तमाम रिश्तो के जंजाल में उलझा है यह दिल,
उन सब से अलग ही है वह जो मेरा खास बहुत है!
अपनी ही उमंग का गला घोट बैठा कातिल उधर,
इधर हमारे चित् में अब तक उल्लास बहुत है!
बस गए हैं मुझमे वो एक सांस की तरह,
अब हमें खुद अपने अस्तित्व की तलाश बहुत है!

35. गीत

ओ मेरे प्रियवर,ओ मेरे प्रियतम !
इक बार लौट कर आओ तुम!
हर पल तेरी याद सताए सनम,
मन मंदिर में बस जाओ तुम!
बैठी हूं सुध बुध खोए प्रिय,
नैनन से नीर बहाए रही,
सूनी मेरी जीवन बगिया में
एक पुष्प गुच्छ बन जाओ तुम!
क्या थी ?मैं क्या हो गई ?तुम बिन
पनघट भी प्यास बुझाए न,
कैसे मैं कहूं? किससे मैं कहूं?
हर सांस में मेरी समाए तुम!
मन पंछी डोले इधर-उधर
कोई न जगत में भाता है,
फूलों की सेज कंटक लागे
जब सपनों में आ जाओ तुम!
पतझड़ हो गई है सब ऋतुएं
नीरस से भरी इस दुनिया में,
मेरे घोर अंधेरे जीवन का
हर क्षण रोशन कर जाओ तुम!
तुम बिन मैं प्यासी विचरत हूं,
ज्यों जल बिन मछली तड़पत है,
हृदय मेरा है शांत प्रिय,

धड़कन इसको दे जाओ तुम।
ओ मेरे प्रियवर,ओ मेरे प्रियतम!
इक बार लौट कर आओ तुम!

36. दोहे

1.
जीवन के हर मोड़ पर, साथी देना साथ।
तेरे हाथों में रहे, सदा हमारा हाथ।।

2.
पिया प्रेम मन में बसत, प्रेम ईश वरदान।
ढाई आखर प्रेम पर, सारा जग कुर्बान।।

3.
संबंध ऐसा प्रेम का, बिन किए हुए जाय।
एक जनम का साथ फिर, सात जनम जुड़ जाय।।

4.
संदेश मेरे प्रेम का, कैसे पहुंचे आज ।
अंतर्मन में वो बसा, नहीं हो रहा काज।।

5.
जहां प्रेम होता अजब, सच्चा और विशाल।
एक दूजे को ही दिखता, एक दूजे का हाल।

6.
कर्तव्य की राह पर, प्रेम हुआ मजबूर।
अपने हाथों से किया, खुद से खुद को दूर।

7.

दूर दूर होकर जिएं, कैसी है यह रीत
प्रेम का अर्थ बताएगी, बस पूनम की प्रीत।

37. रक्षाबंधन पर्व के दोहे

1

रक्षाबंधन त्याग का , प्रीत भरा त्यौहार।
रिश्ता भाई-बहन का, ईश्वर का उपहार।।

2

भेजी पाती प्रेम की, कर लेना स्वीकार।
भाई बिन फीका लगे, राखी का त्यौहार।।

3

आँसू बरसे आंख से, भैया कितनी दूर।
विगत बरस हम साथ थे, अबकी हम मजबूर।।

4

निश्चल धागे प्रेम के, भाव भरा अरमान।
इक दूजे में बस रही, इक दूजे की जान।।

5

धागों में लिपटा हुआ, भेज रही हूँ प्यार।
छोटी बहना कह रही, कर लेना स्वीकार।।

38. मुक्तक

1.

प्रगति का ही पथ मिले, नित उन्नति हर साल रहे।
रहे महकता घर आँगन, पास खुशी हर हाल रहे ।
धरा से अंबर तक तुमको मान मिले-सम्मान मिले..,
प्रीत की ऐसी पवन उड़े, हर आंगन खुशहाल रहे !!

2.

तुमसे मिलकर हमने इतना तो जाना है!
अपने आप को ठीक से पहचाना है !
गुजरेगा मेरा हर पल तेरी पनाहों में..,
जीवन में ऐसा वक्त जरूर आना है।

3.

बिना तेरे मेरी हर एक मन्नत अधूरी है !
तुम्हारा साथ न हो तो जन्नत अधूरी है !
मिल जाएं अब हम सदा-सदा के लिए..,
इस तरह दूर रहकर तो ये चाहत अधूरी है !!

4.

वैसे तो ख़ुदा ने एक जैसे सभी इंसान बनाए हैं ।
सभी के दिलों में उभरते हुए अरमान बनाए हैं ।
अरमान पूरे करने की हिम्मत जिसने भी की ,
बस ! उसी ने इस जहां में कीर्तिमान बनाए हैं ।।

5.

दो अतृप्त आत्माओं का आज मिलन हुआ,
तेरी मेरी मधुर प्रीत को एक वर्ष पूर्ण हुआ!
प्रेम का अनूठा बंधन जन्म जन्म का रिश्ता बन गया,
तेरे साथ से मेरा जीवन खुशियों से अलमस्त हुआ!

6.

दिलाएं अधिकार हिंदी को, अंतर्राष्ट्रीय पहचान की।
सिर्फ एक दिवस पर क्यों करते हो, बात हिंदी के सम्मान
की।
हिंदी को जो अपमानित करते, भूल बड़ी यह करते हैं,
हम भारतीयों की जान है हिन्दी, ये 'हिंदी हिंदुस्तान की'।।

7.

संस्कारों की चादर ओढ़े हम सबका अभिमान है हिंदी,
सरल, सौम्य और मधुरता संस्कृति की पहचान है हिंदी
आओ इसका हम मान बढ़ाएं बात करें बस हिंदी में,
हम सबकी ये शान है और भारत का स्वाभिमान है हिंदी।
सारे भारतवासी मिलकर हिंदी का सम्मान करो,
सब को जोड़कर रखने वाली पूनम की पहचान है हिंदी!!

8.

तेरी यादों का बवंडर हरदम उठा रहता है,
प्यार की आंधियों का तूफान चला रहता है!
मेरी हसरतों को क्यों चुराया हसी ख्वाब बनकर,

दिल के हर कोने में दर्द का जलजला सा रहता है!

9.

प्रीत है बस साधना, वंदन नहीं,
प्रीत केवल भावना, चिंतन नहीं!
तेरी झलक पाने को मैं तड़पू यहां,
प्रीत मुक्ति है कोई बंधन नहीं!!

10.

मेरी हर नादानी को मेरी खूबी समझता है मेरा महबूब,
मेरे होठों की हंसी को अपने लिए जरूरी समझता है मेरा
महबूब!
मेरे महबूब की मोहब्बत की जरा इंतेहा तो देखो,
मेरी सांसो को अपनी जिंदगी समझता है मेरा महबूब!

11.

कभी खुदा की बंदगी सी लगती है मोहब्बत,
कभी खोई इक प्यारी चीज लगती है मोहब्बत,
लबों पर रहती है हरदम दुआओं में मेरी,
कभी हमसफर, कभी जिंदगी सी लगती है मोहब्बत!!

12.

प्रेम में ऐसी मैं पड़ी, खो गई मेरी चैन,
चैन चैन दोनों गए, तब से हूं बेचैन।
बातों बातों में उलझे, नैनन से यह नैन
नींद ख्वाब सब उड़ गए, जागूँ सारी रैन।

13.

खुद जो पूछ लेते हैं मिजाज़ मेरा,
हर दर्द का हो जाता है इलाज मेरा
मिल जाता है सुकून चंद लम्हों में ही
होने लगता है सब कामकाज मेरा!!

14.

दिल की ये बेचैनियां,
शब्दों के एहसास ।
मेरे हर एक भाव को,
बस तुम जानो प्रकाश ।।

15. चलो पगडंडियों पर साथ चलते हैं,
थामें एक दूसरे का हाथ चलते हैं!
जिनके दिलों में सच्ची मोहब्बत होती है,
उनके साथ स्वयं दीनानाथ चलते हैं!!

16.

तेरे वादे कसमे और जुदाई का गम,
कब तक रखेंगे हर बात का हिसाब हम!
तिमिर से लड़ना मुझे नहीं आता,
आठों पहर रहती है यह आंखें नम!

17.

खुद तुमको भी पता नहीं है कि क्या हो तुम,

सारी कायनात को रिझा दे वो अदा हो तुम!
जिसकी खुमारी से मेरा हर लम्हा महकता है,
हवा को भी जो दीवाना बना दे हो वह नशा हो तुम!

18.

मेरे व्याकुल जीवन की एक नयी प्यास सी हो तुम,
जिसके लिए सांस चले ऐसा सुखद एहसास हो तुम!
तुम दूर भले ही चले गए, किंतु मेरा दिल कहता है,
कानों में तुम्हारे शब्द हैं, लगता है कि आसपास हो तुम!

19.

किसी एहसास को स्वप्न सलोना समझ बैठे,
उमड़ते प्रेम को साजन, जादू टोना समझ बैठे!
मोहब्बत की राहों में जौहरी जरा कच्चे से हैं,
गलती से लोहे को भी खरा सोना समझ बैठे!

20.

मेरे हृदय में बसने वाले तुम ही मेरी जान हो,
प्रगति के मेरे हर पथ का तुम ही तो अभिमान हो!
हर सुख-दुख में साथ निभाते कदम कदम पर हाथ बढ़ाते,
स्वप्न सजीले सुंदर मन की तुम ही तो पहचान हो!

21.

बड़ी सहमी-सी बदनसीबी से घिरी है जिंदगी,
सुखो से वंचित दुखो से भरी है जिंदगी!
भावों का कोई मोल नहीं दुनिया के बाजार में,
रिश्तो से दूर मुश्किलों में पड़ी है जिंदगी!

22.

क्यों फिरते हो गम को उठाये हुए,
अजी! थोड़ा सा मुस्करा दीजिये !
दिखाकर थोड़ी सी झलक फिर छुप जाते हो,
ये इश्क है जनाब थोड़ा सा गुनगुना दीजिये!

घनाक्षरी छंद

अध्याय 39

मन न संशय रखो,
प्रेम पे भरोसा रखो,
जीवन का हर क्षण,
संग ही बिताना है।

प्रेम का घरौंदा होगा,
संग में सवेरा होगा,
करके श्रंगार पिया,
तेरे घर आना है।

सोच लो दुर्गम होगा,
पथ न सुगम होगा,
कांटों भरी राह में भी,
प्रेम गीत गाना है।

अध्याय40

तुझसे करी है प्रीत,
तू ही मेरा मन मीत,
प्रेम ही से जीवन में,
सब सुख पाया है!

प्रेम की यही है रीत,
प्रेम में न हार जीत,
अंग अंग में ओ पिया,
बस तू समाया है!

महक उठा है मन,
खिला-खिला उपवन,
पिया तेरी चाहत को,
दिल में बसाया है!

नैनों में बसे हो तुम,
बातों में बसे हो तुम,
हृदय विराज तूने,
घर ही बसाया है!

हँस हँस बातें कर,
जिया मेरा लिया हर,
मुख मोड़ कर अब,

मुझे विसराया है!

अध्याय41

सोचती हूं मेरे पिया,
क्यों चुराया मेरा जिया,
मीठी मीठी बतियों से,
मुझे उलझाया है!

तेरे प्रेम ने ओ पिया,
दुनिया से दूर किया,
सारा जग भूल बस,
तू ही याद आया है!

अध्याय42

गाते रहो देश गान,
देश मेरा हो महान,
वंचितों का रख मान,
प्रेम गीत गाइए।

देश हित का ईमान,
सत्य का रहे विधान,
जाति-पाति दूर कर,
भावना निभाइए।

तिरंगे की रखो आन,
देश की बढ़ाओ शान,
जागो सब नौजवान,
एकता दिखाइए।

भारत की आन-वान,
शान पे लुटा के जान,
वीर शहीदों में नाम,
अपना लिखाइए।।